「포스트 달러 시대
– 비트코인, 통화질서의 문명사적 전환」

2025년 미국은 다시 한 번 세계 경제 질서의 방향타를 흔들고 있다. 도널드 트럼프 대통령은 4월 2일을 '해방의 날Liberation Day'로 선언하며, 전 세계 모든 수입품에 10%의 기본 관세를 부과하는 행정명령을 발동했다. 특히 중국에는 최대 145%에 달하는 상호주의 관세를 경고했고, 한국, 일본, 유럽연합 등 60여 개국에도 개별 협상 조건에 따라 차등적 추가 관세를 예고했다. 미국이 '관세를 내거나, 다른 걸 내놓거나' 식의 압박 원칙을 앞세우자, 기존의 국제 무역 규범은 무너지고 정치·경제·안보가 얽힌 복합적 협상이 전면에 등장하고 있다.

이러한 관세 정책은 보호무역 조치를 넘어서는 지정학적 전략이다. 미국은 기축통화국 지위를 통해 전 세계에 달러를 공급하며 막대한 시뇨리지 이익과 글로벌 자본을 흡수하는 혜택을 누려왔다. 그러나 그 대가로 지속적인 무역적자와 제조업 공동화라는 부작용도 누적되었고, 그 과정에서 중국의 부상이 촉진되었다. 특히 '미국만 손해 보는 시스템'이라는 인식이 확산되면서, 트럼프 행정부는 이를 1971년 '닉슨 쇼크'와 1985년 '플라자 합의'에 이은 제3의 전환점으로 삼고 기축통화 체제의 근간을 흔들며 글로벌 질서를 재편하려 하고 있다.

이 흐름은 결국 신용화폐 체제의 본질적 취약성을 드러낸다. 1971
년 금태환이 중단된 이후, 달러에 대한 신뢰는 실물 자산이 아닌 정
치 권력과 군사력에 기반해왔다. 이 같은 구조는 무제한 성장과 신
용 팽창을 가능케 했지만, 금융 위기와 재정 적자, 반복되는 부채 누
적을 야기했고, 오늘날에는 무역 갈등과 국제 금융시장 불안으로
이어지고 있다.

2

그럼에도 불구하고 '화폐란 무엇인가'라는 근본적인 질문은 여
전히 충분히 논의되지 않았다. 우리는 흔히 화폐를 금속성 상품이
거나, 국가의 강제력에 의해 통용되는 것으로 이해해왔다. 하지만
20세기 초 영국의 외교관이자 사상가인 미첼 이네스Alfred Mitchell-
Innes는 전혀 다른 시각을 제시했다. 그의 주장에 따르면 화폐는 실
물이 아니라, 사회 안에서 맺어진 채권-채무 관계를 기록하고 정산
하는 장치다. 곧 화폐란 '채무의 증명서'이며, 공동체 내부에서 상
호 검증 가능할 때에만 제대로 된 통화질서가 작동할 수 있다는 통
찰이다. 오늘날 기축통화 중심의 글로벌 금융 시스템이 반복적으로
흔들리는 것도, 이 정산 구조가 특정 국가와 권력에 의해 독점되면
서 신뢰의 기반이 점차 약화되고 있기 때문일지 모른다. 신뢰가 무
너지면, 화폐도 흔들린다.

이처럼 기존 통화 체제가 가진 구조적 모순은 제도 개혁만으로는 해결되기 어렵다. 따라서 우리는 보다 근본적인 물음을 던질 수밖에 없다.

- 정치 권력에 의존하지 않는 보편적 신뢰 인프라는 어떻게 설계될 수 있는가?
- 물리적·기술적 신뢰 구조는 어떻게 사회적 질서 형성으로 이어지는가?
- 비트코인은 기존 통화체제의 구조적 한계를 넘어서는 새로운 통화질서가 될 수 있는가?

비트코인은 중앙 통제 없이, 물리 법칙과 인센티브 설계를 통해 신뢰를 형성하고 유지하는 자기조정형 질서의 문명사적 실험이다. 이 글은 비트코인을 상호 채무 정산을 위한 분산형 기록 시스템으로 해석하며, 기존 통화 체제의 구조적 결함—신뢰의 중앙집중, 무한 성장 지향성, 보편적 합의 기반의 부재—에 대해 그것이 어떻게 기술적·철학적으로 응답하고 있는지를 분석한다.

part.1

비트코인 설계 메커니즘
: 욕역학, 정보이론, 게임이론

'보편적 신뢰는 어떻게 설계될 수 있는가?' 비트코인은 디지털 코드 이상의 구조화된 설계다. 열역학, 정보이론, 게임이론이라는 세 가지 물리적·수학적 원리를 통합하여, 외부 통제 없이 스스로 질서를 형성하고 유지하는 자기조정형 신뢰 시스템이다. 에너지 소비를 통한 위변조 방지, 정보의 불확실성 해소를 위한 시간 스탬핑, 경제적 유인을 기반으로 한 분산 검증 구조는 각각 '보편적 신뢰는 어떻게 설계될 수 있는가'라는 질문에 대한 실증적 해답을 제공한다.

이 장에서는 비트코인 설계 안에 통합된 이 세 가지 이론이 어떻게 구현되고, 그것이 보편적 신뢰 인프라의 조건을 어떻게 충족시키는지를 차례로 살펴본다.

열역학: 에너지 없이 질서는 없다

비트코인은 열역학 제2법칙―'무질서(엔트로피)는 외부의 유효한 에너지 없이는 줄어들 수 없다'―이라는 자연 법칙 위에 설계된 시스템이다. 어떤 시스템이 질서를 유지하거나 새로운 질서를 형성하려면 외부로부터 유효한 에너지가 반드시 공급되어야 한다. 이 관점에서 비트코인 네트워크는 고립된 폐쇄계가 아닌, 채굴자가 투입하는 전기 에너지를 지속적으로 받아들이는 열역학적 개방계로 작동한다. 이 에너지는 무의미한 연산을 하는 데 허비되는 게 아니라 블록체인 내부의 검증 가능한 정보 질서―곧 사회적 신뢰 구조―를 물리적으로 뒷받침하는 핵심 자원이다.

이러한 접근은 생태경제학의 창시자 니콜라스 게오르게스쿠-뢰겐의 통찰과도 맞닿아 있다. 그는 『The Entropy Law and the Economic Process』(1971)에서, 모든 경제 활동은 본질적으로 낮은 엔트로피 자원을 소비해 국지적 질서를 창출하는 과정이며, 그 대가로 고엔트로피 상태(폐열·폐기물)를 필연적으로 발생시킨다고 보았다. 그는 경제 시스템이 열역학 법칙의 지배를 벗어날 수 없으며, 사회 질서도 결국 에너지 소비에 의해 유지된다고 강조했다.

비트코인 채굴은 이러한 열역학적 질서 형성을 지속적으로 구현하는 과정이다. 채굴자는 특정 조건을 만족하는 해시값을 찾기 위해 막대한 무작위 연산을 수행한다. 이 과정에서 소비된 에너지는 열로 방출되어 외부로 사라지지만, 그 결과 블록체인 내부에는 변조가 불가능한 정보 질서가 형성된다. 이는 불신, 위조, 이중지불 같은 사회적 무질서를 억제하기 위해, 물리적 자원 투입을 전제로 작동하는 질서 형성 구조다.

여기서 중요한 점은, 이러한 채굴 활동이 사적 이윤 창출을 넘어 사회 전체의 신뢰를 뒷받침하는 물리적 인프라 기능을 수행한다는 것이다. 뢰겐의 관점에서 보더라도, 열역학적 비용을 감내하면서 전체 시스템의 엔트로피 증가를 억제하는 목적이라면, 그것은 자원 사용의 정당한 형태가 될 수 있다. 비트코인의 '작업증명Proof of Work'은 무제한 신용창출을 허용하는 신용화폐와 달리, 질서 형성의 비용을 에너지 소비를 통해 명시적으로 내재화한 구조다.

또한 비트코인은 신뢰 유지에 드는 열역학적 비용을 중앙은행이나 정치 권력처럼 외부(타국이나 후세)로 전가하지 않는다. 대신, 채굴자 개개인이 실제 에너지를 투입하며 비용을 내부에서 감내하는 구조로 설계되어 있다. 누구든 질서 형성에 기여할 수 있지만, 누구도 통화 발행 권한을 독점할 수는 없다. 이로써 비트코인은 신뢰의 형성 조건을 물리 법칙 위에 정초한 최초의 통화질서가 된다.

결국, 작업증명은 수학적 연산 과정을 통해 무질서를 억제하고 질서를 형성하는 열역학적 필터다. 비트코인은 선언이나 제도적 보증 없이도, 오직 물리 법칙과 에너지 소비라는 불가역적 조건을 통해 신뢰를 형성하는 디지털 인프라를 구현한 것이다. 이것이야말로 비트코인이 기존 신용화폐와 구별되는, '에너지 기반 질서'로서 작동하는 첫 번째 조건이다.

정보이론: 확률, 불확실성, 정보 질서

클로드 섀넌Claude Shannon은 1948년 논문에서 정보란 데이터의 양이 아니라, 메시지가 줄이는 불확실성—즉 사건의 예측 불가능성—을 기반으로 측정되는 것이라고 보았다. 이를 수치화하기 위해 도입한 '정보 엔트로피entropy'는 메시지를 구성하는 기호들의 확률 분포에 따라 계산되며, 가능한 상태가 많고 각 상태의 확률이 균등할수록 엔트로피는 커지고, 특정 상태의 확률이 높아질수록 엔트로피는 줄어든다.

비트코인 채굴은 이러한 확률 기반 탐색 과정을 물리적으로 구현한 구조다. 채굴자는 블록 헤더의 nonce를 반복적으로 바꾸며, SHA-256 해시 함수의 결과값이 특정 조건(예: 앞부분에 연속된 0)을 만족하는지를 탐색한다. 이는 수학적으로 극히 낮은 확률로만 등장하는 유효한 해시값을 추출하는 작업이며, 비트코인이 무결성과 희소성을 확률 기반 검증 메커니즘 위에 구현하는 방식이다.

이처럼 작업증명은 고엔트로피 상태에서 유효한 해시 값을 추출

해내는 정보 정렬 메커니즘이며, 불확실성을 줄이는 구조적 활동이
다. 특히 이 해시값은 네트워크 상 모든 노드가 검증 가능한 상태로
공유되며, 새로운 블록이 기존 체인에 정합적으로 연결되도록 만든
다. 이러한 구조는 비트코인 네트워크가 채굴을 통해 정보의 무결
성과 일관성을 확보하고, 블록체인이라는 연속된 구조 속에 신뢰
가능한 질서를 축적하게 되는 방식과 직접 연결된다.

이때 타임스탬프 구조는 이중 지불double spending을 방지하고, 정
보 질서를 유지하는 핵심 장치로 작동한다. 각 블록의 생성 시간은
명시적으로 기록되며, 이전 블록의 해시값이 다음 블록에 포함됨으
로써 거래 기록은 시간 순서대로 체계적으로 연결된다. 이 구조는
동일 자산의 중복 사용을 방지하고, 위변조 불가능한 연속적 장부
를 구성하는 데 핵심적인 역할을 한다.

블록체인은 클로드 섀넌이 제시한 정보 전달 모델―송신자
sender, 채널channel, 수신자receiver―과 구조적으로 유사한 통신 체
계를 구성한다. 이 모델은 신호의 생성, 전송, 검증을 통해 수신자의
신뢰를 확보하는 것이 핵심이며, 블록체인은 이 과정을 탈중앙적
네트워크 구조 안에서 구현한다. 블록을 생성한 채굴자는 송신자이
며, 생성된 블록은 네트워크를 통해 각 노드에 전파된다. 수신한 노
드들은 해당 블록의 해시값과 트랜잭션 유효성을 검증하며, 합의된
규칙에 따라 이를 수용하거나 거부한다. 이 과정은 정보이론에서
신호의 왜곡(노이즈)과 오류를 걸러내고 수신자의 신뢰를 확보하는
방식과 유사하다. 블록체인에서는 유효하지 않은 블록이나 트랜잭

션이 네트워크 합의 규칙에 의해 자동으로 배제되며, 이는 탈중앙적 환경에서도 신뢰 가능한 정보 전달이 가능하도록 만든다. 이처럼 비트코인은 정보의 생성, 전송, 검증 과정 전반에서 정보이론적 신뢰 구조를 구현한다. 그 핵심은 모든 참여자가 동일한 정보를 실시간으로 검증 가능한 방식으로 공유하며, 이를 통해 중앙 통제 없이도 전체 시스템의 무결성을 유지하는 것이다.

이 모든 과정은 에너지와 계산 자원의 실질적 소비를 전제로 한다. 정보는 연산 자원을 통해 생성되며, 신뢰는 선언이 아니라, 물리적 비용을 수반한 검증 행위를 통해 강화된다.

게임이론: 인센티브, 선택, 그리고 자율적 질서

비트코인은 열역학과 정보이론이라는 물리적 기반 위에, 참여자의 전략적 선택을 유도하는 인센티브 구조를 결합함으로써, 중앙 통제 없이도 자생적인 신뢰를 구축한다. 이 설계 원리는 바로 '메커니즘 디자인mechanism design' 이론이 다루는 핵심 주제다.

'메커니즘 디자인'은 '게임이론'과는 접근 방식이 다르다. 게임이론이 정해진 규칙 하에서 최적 전략을 분석하는 데 초점을 둔다면, 메커니즘 디자인은 원하는 결과('사회적 선택 규칙')를 먼저 정의하고, 행위자들이 전략적 선택을 통해 이를 실현할 수 있도록 '유인 구조'를 설계한다.

'메커니즘 디자인'은 레오니트 후르비치Leonid Hurwicz, 에릭 매스킨Eric Maskin, 로저 마이슨Roger Myerson 등 경제학자들에 의해 정립되었다. 이 이론은 정보가 비대칭적으로 분산되어 있고 외부 강제력이 작동하지 않는 분산적 환경에서 특히 유효하다. 각 참여자는 자신의 이익을 극대화하려는 합리적 선택을 하게 되며, 설계된 메커니즘은 이러한 개별 행위들이 전체 시스템의 목표로 수렴되도록 유도한다. 다시 말해, 참여자 각자의 전략적 선택이 내쉬 균형에 도달하도록 유도할 수 있을 때, 메커니즘 디자인은 분산된 시스템에서도 효과적으로 작동한다.

비트코인은 '정합된 블록 생성'(네트워크 전체가 수용 가능한 유효한 블록의 생성)을 사회적 선택 결과로 전제하고, 채굴 인센티브를 통해 참여자들이 자연스럽게 그 결과를 실현하도록 설계되어 있다. 채굴자는 고난도의 연산을 수행해 유효한 블록을 가장 먼저 생성할 경우 비트코인 보상을 얻는다. 반면, 규칙을 따르지 않거나 무효한 블록을 제출하면 보상을 받지 못하고, 에너지와 자원만 낭비하게 된다. 이 인센티브 구조는 정직한 행동이 가장 합리적인 전략이 되도록 구성되어 있다.

대표적인 공격 시나리오로 자주 언급되는 '51% 공격'은 특정 채굴자가 전체 해시파워의 과반을 확보해 블록체인 기록을 조작하려는 시도다. 기술적으로는 기존 거래를 되돌리거나 '이중 지불'을 실행하는 것이 가능하지만, 이를 위해서는 막대한 에너지 비용과 장비 투자가 필요하다. 설령 일시적으로 성공하더라도, 네트워크의 신뢰가 붕괴되면 비트코인의 가치 하락으로 인해 공격자는 막대한 경제적 손실을 입을 가능성이 크다. 이처럼 비트코인의 설계는 공격 시도를 구조적으로 비경제적으로 만들어, 정직한 참여가 가장 이익이 되는 선택이 되도록 유도한다. 이러한 유인 구조는 비트코인의 회복탄력성과 내생적 안정성을 뒷받침하는 핵심 기제다.

참여자는 전체 시스템을 이해하거나 신뢰하지 않더라도, 자신의 이익을 추구하는 과정에서 결과적으로 전체 네트워크의 안정성과 질서를 강화하게 된다. 바로 이러한 점에서, 비트코인은 탈중앙적 환경에서도 자생적 신뢰를 형성하는 메커니즘 디자인의 실천적 구현이라 할 수 있다.

이처럼 비트코인의 설계는 메커니즘 디자인 이론이 요구하는 두 가지 핵심 조건—'인센티브 정합성Incentive Compatibility'과 '내쉬 구현 가능성Nash Implementation'—을 모두 충족시킨다. 첫째, '인센티브 정합성' 측면에서 비트코인은 규칙을 어기는 것이 오히려 손해가 되도록 설계되어 있어, 누구도 정직한 행동보다 더 유리한 전략을 선택할 수 없다. 둘째, '내쉬 구현 가능성' 측면에서도, 각 참여자가 자신의 이익을 극대화하려는 합리적 선택을 할 때, 그 결과가 전체 시스템의 목표—즉 정합된 블록체인의 지속적 유지—에 자연스럽게 수렴되도록 구성되어 있다.

결국 비트코인은 중앙 통제 없이도, 참여자 개개인의 전략적 선택이 집합적으로 신뢰와 질서를 형성하게 만드는 메커니즘을 구현한다. 이 질서는 단지 참여자의 유인을 정렬하는 수준을 넘어서, 네트워크 내부의 반복적 상호작용과 물리적 비용 구조를 통해 자기 강화적 균형 상태에 도달한다. 이러한 '내생적 질서 형성endogenous order formation'은 기존 화폐 시스템처럼 외부 권력에 의해 유지되는 위계적 구조가 아니라, 설계된 인센티브와 행위 주체 간의 게임적 상호작용에서 자연스럽게 발생하는 자생적 질서다.

요컨대 비트코인은 에너지 기반의 물리 구조와 확률적 정보 처리, 그리고 경제적 유인 체계를 통합함으로써 행위 왜곡을 최소화하고, 시스템 정합성과 지속 가능성을 동시에 실현한다. 이는 신뢰를 외부에서 '부여받는 것'이 아니라, 내부의 설계와 작동을 통해 '스스로 증명하는 것'으로 전환한 사례이며, 디지털 시대에 걸맞는 자율적·희소적·무결한 통화 시스템의 구조적 원형을 제시한다.

part.2

에너지화폐 경제와
자기조정형 거버넌스

비트코인은 인류 역사상 처음으로 물리적 에너지 흐름 위에 구축된 분산형 경제 시스템이다. 이는 중앙집중적 금융 시스템의 제도적 신뢰 취약성과 구조적 불안정성을 대안적 질서를 통해 극복하려는 시도다.

전통적인 통화 시스템은 정치 권력과 법적 강제력을 기반으로 중앙은행과 금융기관에 통화 발행 및 신용 창출 권한을 집중시켜 왔다. 그러나 경제 역시 자연계의 일부이며, 에너지와 자원의 비가역적 소비라는 열역학적 조건 아래에서 작동한다. 신용의 무제한 팽창이나 인위적 통제는 결국 이러한 물리적 한계에 부딪힐 수밖에 없다. 비트코인은 이러한 구조적 한계를 정면으로 직시하고, 신뢰 형성과 질서 유지를 중앙 권력이 아닌 에너지 투입과 검증 참여에 기반한 참여형 시스템으로 재구성한다.

이 장에서는 비트코인이 어떻게 열역학적 비용 구조, 정보 무결성, 그리고 전략적 인센티브를 통합함으로써 새로운 경제 질서와 자기조정형 거버넌스 모델을 실현하고 있는지를 살펴본다.

에너지화폐 경제란 무엇인가?

'에너지화폐 경제Energy – based Monetary System'는 통화의 발행과 신뢰 형성이 실질적인 에너지 소비를 기반으로 작동하는 구조를 뜻한다. 비트코인은 이 원리를 구현한 최초의 글로벌 시스템으로, 기존 신용화폐 체계와는 근본적으로 다른 작동 논리와 신뢰 구조를 제시한다. 기존 법정통화는 중앙은행이 신용을 바탕으로 발행하고, 그 가치는 정부의 법적 강제력과 정치적 신뢰에 의해 유지된다. 그러나 비트코인은 단 한 단위의 통화도 물리적 에너지 소비 없이 생성될 수 없는 구조다. 바로 이 점에서 비트코인은 '에너지화폐'로 정의된다.

'에너지화폐'란, 화폐의 생성과 유통이 실질적인 물리적 비용을 수반하고, 그 비용이 곧 신뢰의 증거로 작동하는 통화 구조를 의미한다. 이는 금본위제에서 금의 채굴 비용과 희소성이 통화 가치를 뒷받침했던 원리와 유사하지만, 비트코인은 이를 디지털 환경에서 정보처리와 에너지 소비로 구현함으로써, 물리 기반 신뢰를 완전히 분산된 구조로 확장시킨다. 비트코인의 채굴 과정은 막대한 연산과 전력 투입을 요구하며, 이로 인해 무단 생성이나 위조의 가능성이 구조적으로 차단된다. 이러한 설계는 에너지 소비를 위·변조 불가능한 신뢰의 물리적 증거로 전환하며, 검증 가능한 희소성 위에 통화 시스템을 구축한다.

다만, 여기서 중요한 점은 비트코인은 에너지 자체에 '가치'를 부여하지 않는다. 대신, 에너지 소비가 검증 가능한 질서 형성 행위의 증거로 작용함으로써 '신뢰'를 획득하는 구조다. 이는 전통적 상품화폐론에서 말하는 '내재가치intrinsic value' 개념과는 본질적으로 다르다. 금본위제에서 금은 산업적 수요와 물질적 희소성 자체로 가치의 근거가 되었지만, 비트코인에서의 에너지 소비는 단순 저장가치가 아니라 위변조 억제와 검증 가능성이라는 작동 구조의 신뢰성 확보에 기여한다.

이러한 구조는 통화경제의 신뢰 메커니즘을 근본적으로 전환시킨다. 비트코인 시스템에서의 신뢰는 고정된 실체나 중앙 권위가 아니라, 반복되는 에너지 투입과 정보 검증이라는 동적 행위 과정을 통해 실시간으로 형성·유지된다.

이러한 에너지 기반 신뢰 구조는 통화 시스템의 작동 방식을 세 가지 측면에서 근본적으로 변화시킨다.

첫째, 에너지는 보편적이며 탈중앙화 가능한 자원으로, 특정 기술이나 지역에 종속되지 않고 누구든지 이를 투입해 통화 네트워크에 기여할 수 있다. 이로 인해 통화 발행 권한이 특정 국가나 기관에 독점되지 않고 분산된 생산 구조로 전환된다.

둘째, 에너지 기반 시스템은 특정 주체의 승인이나 명령 없이 작동하기 때문에, 검열 저항성과 정치적 중립성을 구조적으로 내포한다. 이 구조는 권위의 실패나 제도적 불신이 만연한 환경에서도 독립적이고 지속 가능한 통화질서를 유지할 수 있게 해준다.

셋째, 에너지 투입이라는 실질적 비용은 통화의 자동적 희소성과 팽창 억제 기능을 동시에 수행한다. 이는 금본위제에서 금의 희소성과 채굴 비용이 통화가치 하락을 억제했던 것처럼, 디지털 환경에서도 무제한 신용 팽창과 통화 가치 하락을 억제하는 역할을 한다.

에너지화폐는 기술적 장치 이상의 의미를 지닌다. 그것은 과정 기반의 신뢰 구조와 물리적 제약 조건을 결합함으로써, 탈중앙화된 거버넌스의 물리적 기반과 질서 형성 원리를 함께 제공한다.

비트코인은 이러한 원리에 따라, 통화질서를 에너지 소비와 정보 체계라는 자연적 제약 조건 위에 구축한다. 이는 제도와 권위에 기반한 신뢰 구조를, 행위의 축적과 물리적 비용에 기반한 동적 질서로 전환하려는 시도이며, 과잉 유동성과 불신에 취약한 기존 통화 시스템에 대한 가장 실질적이고 구조적인 대안이라 할 수 있다.

존재론적 코뮤니즘

비트코인은 기술 혁신 실험을 넘어, 통화질서의 기초를 이루는 신뢰 메커니즘과 참여 구조를 물리 기반 위에서 재구성하려는 시도다. 이러한 질서 구조를 프랑스 철학자 마르크 알리자르트Marc Alizart는 '존재론적 코뮤니즘ontological communism'이라 부른다.

기존의 화폐 체계는 통화의 발행과 질서 유지를 특정 기관이 독점하는 구조였다. 신용과 법률이라는 비물질적 기반 위에 세워진 이 질서는 중앙은행, 정부, 국제기구 등의 권력을 통해 유지된다. 반면 비트코인은 누구나 에너지를 투입함으로써 통화질서의 형성과 유지에 기여할 수 있도록 한다. 이 시스템에서는 에너지를 투입한 기여자가 자동으로 보상을 받고, 시스템 유지에 실질적으로 참여한 이가 질서의 일부를 소유하게 된다. 이처럼 기여와 보상이 실시간으로 연결되는 구조는 권위에 의존한 위계적 질서가 아니라, 탈중앙화된 수평적 질서로 작동한다.

채굴자는 에너지를 투입하여 정보 질서를 생산하고, 그 대가로 신규 발행된 비트코인을 보상받는다. 이 구조는 통화 생성 권한을 실질적 기여에 따라 자동 부여되는 방식으로 전환시킨다. 통화는 특정 주체의 사전 독점 대상이 아니라, 기여 행위를 통해 자동 분배되는 결과물이다.

이러한 참여 구조는 단지 기술적 설계에 그치지 않고, 다음 세 가지 구조적 특징을 통해 새로운 질서 형성 원리를 제시한다.

첫째, 희소성은 에너지라는 물리적 비용을 통해 확보된다. 이는 통화 공급에 자연적인 한계를 부여하고, 디지털 환경에서도 통화 팽창을 억제하는 장치로 작용한다.

둘째, 블록체인 구조는 기여와 보상이 시간에 따라 불가역적으로 기록되도록 하여, 과거의 행위를 소급 변경하거나 위조할 수 없는 구조를 형성한다.

셋째, 네트워크는 기여를 감지하고 이에 자동 보상함으로써, 참여를 유도하고 지속적인 질서 형성을 가능케 하는 자기강화적 메커니즘을 갖는다.

알리자르트가 '존재론적'이라는 용어를 사용하는 이유는, 통화질서에 대한 접근이 제도적 자격이 아니라 존재적 행위—에너지 투입과 정보 정합성 유지—에 의해 보장되어야 한다는 철학적 입장 때문이다. 그는 기술적 구조가 사회적 존재의 조건을 형성할 수 있으며, 제도와 법 이전에 물리적 현실이 신뢰와 질서의 기반이 되어야 한다고 본다. 다시 말해, 그는 통화질서의 정당성은 명령이나 승인에서 비롯되는 것이 아니라, 반복적 행위와 물리적 비용이라는 '존재의 실제 조건'에서 비롯되어야 한다고 강조한다. 이 구조에서 질서는 외부의 강제 없이 자발적으로 형성되고, 시간의 흐름 속에서 기여가 누적되어 신뢰와 소유가 축적된다. 동시에 시스템은 생태계처럼 외부 충격 이후에도 균형을 스스로 회복하는 자기복원성을 지닌다.

'존재론적 코뮤니즘'은 법이나 제도에 의존하지 않고, 물리적 기반 위에서 사회적 신뢰와 질서를 형성하는 가능성을 보여준다. 이 설계는, 누구든 동일한 조건(에너지와 검증 참여)에서 통화질서 형성에 기여할 수 있게 함으로써, 기술적 평등을 시스템 구조 안에 실질적으로 내재화한다.

이는 국가 주도의 계획적 재분배를 전제로 하는 전통적 마르크스주의와 달리, 누구나 접근 가능한 물리 자원과 분산된 보상 구조를 바탕으로 형성되는 자율적 질서라는 점에서, 기술 기반의 '탈권위적 코뮤니즘'이라 할 수 있다. 누구에게나 열려 있지만, 누구도 독점할 수 없는 통화질서. 비트코인은 바로 그 질서가 어떻게 가능한지를 입증하는 최초의 통화 실험이자, 기술 설계를 통해 실현된 가장 급진적인 사회적 가능성이다.

사회적 열역학과
자기조정형 거버넌스의 설계 철학

비트코인은 사회 질서를 유지하는 데 필수적인 에너지 소비와 정보 정합성을 구조적으로 통합한 시스템이다. 우리는 이러한 접근을 '사회적 열역학Social Thermodynamics'으로 개념화할 수 있다. 전통적인 열역학이 물리적 시스템 내 에너지 흐름과 엔트로피 변화를 분석하는 학문이라면, '사회적 열역학'은 사회 시스템이 질서를 유지하기 위해 필연적으로 소모해야 하는 물리적 자원(에너지), 정보 검증 비용, 그리고 행위자 간 상호작용 비용을 함께 고려하는 새로운 거버넌스 분석 틀이다. 그리고 이러한 거버넌스는 규칙과 절차의 집합 차원이 아니라 물리적 자원과 경제적 인센티브가 동시에 작동하는 질서 유지 메커니즘으로 재구성된다.

비트코인은 이러한 '사회적 열역학' 원리를 바탕으로 작동하며, 세 가지 핵심 메커니즘을 통해 '자기조정형 거버넌스'를 구현한다.

첫째, 비트코인의 질서 유지에는 규칙 코드만으로는 부족하다. 블록 생성과 검증은 물리적 에너지의 투입 없이는 불가능하며, 이 소비 행위는 정보 엔트로피를 줄이고, 질서를 형성하는 비용 구조의 실체로 기능한다. 다시 말해, 비트코인은 거버넌스 행위―검증, 기록, 동기화―를 물리 법칙 위에 위치시킴으로써, 질서를 유지하기 위해 반드시 에너지라는 현실 자원이 필요하다는 점을 제도화한 것이다. 이는 열역학 제2법칙이 말하는 바와 같이, 모든 질서는 외부 에너지의 반복적 투입 없이는 지속될 수 없으며, 이 법칙이 디지털 사회 시스템에도 동일하게 작동함을 보여준다.

둘째, 비트코인의 인센티브 구조는 철저히 탈중앙화되어 있다. 통화의 발행과 검증 권한이 특정 주체에 집중되지 않고, 전 세계의 누구나 참여할 수 있도록 설계되어 있다. 작업증명 메커니즘은 참여자에게 물리적 기여에 따른 보상을 제공하며, 정직한 행위가 전략적으로 가장 유리한 선택이 되도록 유도한다. 신뢰는 중앙 명령에 의한 결과가 아니라, 참여자들 간의 경쟁과 상호 검증을 통해 자생적으로 형성된다.

셋째, 이러한 구조는 중앙의 통제 없이도 시스템 전체가 안정성과 정합성을 유지할 수 있는 자기조정형 시스템으로 작동한다. 참여자는 자신의 이해관계를 최적화하려는 행동을 통해 자연스럽게 질서 유지에 기여하게 된다. 이는 게임이론에서 말하는 '내생적 질서 형성'을 에너지와 정보 기반 거버넌스 구조로 구현한 사례로, 비트코인은 물리적 비용, 정보 무결성, 전략적 유인을 통합한 하나의 자기조정형 거버넌스 아키텍처를 구현한다.

결국, 이와 같은 구조는 신뢰의 작동 방식을 열역학적 비용과 분산형 인센티브 체계 속에 통합한 설계 철학을 반영한다. 신뢰는 선언이나 부여로 형성되는 것이 아니라, 반복적이고 비용을 수반하는 행위의 축적 속에서 스스로 복원되는 동적 질서다.

다음 장에서는 이 설계 철학이 글로벌 금융 질서 전체의 신뢰 구조와 통화 발행 메커니즘을 어떻게 재편할 수 있는지를 탐색한다.

part.3

통화질서의 문명사적 전환

2008년 글로벌 금융위기, 2020년 팬데믹 대응을 위한 사상 최대 규모의 양적완화, 2023년 미 국채의 신용등급 강등, 그리고 2025년 트럼프 행정부의 전면적 관세 공세와 비트코인 전략적 비축 추진에 이르기까지—오늘날 달러를 중심으로 구축된 국제 통화 시스템은 반복적인 충격과 구조적 불균형에 직면해 있다.

미국은 기축통화국으로서 전 세계에 유동성을 공급해왔지만, 그 대가로 막대한 무역적자와 글로벌 자산시장 버블을 감내해왔다. 특히 부채한도 위기는 반복적으로 정치적 교착을 유발하며, 세계 금융 시스템이 미국 의회의 단기적 정치 계산에 좌우될 수 있다는 구조적 불안정성을 드러내고 있다.

2011년에 이어 2023년 다시 발생한 국채 신용등급 강등은, 기축통화국조차 재정 건전성과 제도적 신뢰를 더 이상 보장할 수 없다는 현실을 상기시킨다. 러시아의 SWIFT 배제 이후 주요 신흥국은 달러 시스템의 중립성과 지속 가능성에 의문을 제기했고, 최근 트럼프 행정부의 보호무역 강화와 디지털 자산 실물보유 논의는 달러 중심 질서의 내적 균열을 더욱 가시화하고 있다.

달러는 더 이상 금과 같은 물리적 희소성에 기반하지 않으며, 그 신뢰는 점점 더 정치적 안정성과 군사적 우위에 의존하고 있다. 이러한 흐름은 인류가 기존의 통화 인프라를 근본적으로 재편해야 할 문명사적 전환기에 진입했음을 보여준다.

인류는 시대마다 신뢰를 물리적 희소성이나 제도적 권위 위에 구현하며 화폐 시스템을 구축해왔다. 조개껍데기나 금처럼 물질 기반의 화폐에서, 중앙은행과 법적 강제력에 의해 유지되는 현대의 신용화폐 체계에 이르기까지, 통화질서는 언제나 사회적 신뢰 구조위에서 작동해왔다. 그러나 오늘날 이 신뢰 인프라는 기술적, 제도적, 생태적 한계에 봉착해 있으며, 그 기반이 되는 성장·확장 전제또한 지속 불가능해지고 있다.

이러한 구조적 위기 속에서 비트코인은 새로운 통화질서의 후보로 부상하고 있다. 그것은 열역학과 정보이론에 기반한 신뢰 구조를 갖추고 있으며, 분산 네트워크를 통해 외부 명령 없이 스스로 질서를 유지하는 일종의 '사회적 열역학' 시스템이다. 이 구조는 외부교란 후에도 스스로 질서를 회복하는 특성을 지니며, 이는 생명체가 '항상성homeostasis'을 유지하는 작동 원리와 유사한 자기조정적속성이다.

이러한 질서 형성 방식은 프리드리히 하이에크Friedrich Hayek가제시한 '자생적 질서spontaneous order' 개념과도 연결된다. 하이에크는 법적 강제나 중앙 통제를 수반하지 않더라도, 시장 참여자들의 자발적 상호작용과 규칙 준수를 통해 질서가 형성될 수 있다고 보았다. 비트코인은 바로 이와 같이, 외부 권위에 의한 명령이 아니라, 시스템 내부의 유인 구조와 반복 행위를 통해 질서를 생성하는 현대적 자생 질서의 구현이라 할 수 있다.

이제 우리는 다시 질문해야 한다.

비트코인은 어떻게 스스로 질서를 형성하며, 기존의 국가 중심 통화 시스템을 넘어서는 새로운 질서로 기능할 수 있는가?

이 장에서는 이 질문에 답하기 위해, 비트코인을 '자생적 질서', '사회적 열역학' 시스템, 그리고 '자기조정 화폐'라는 개념적 틀 안에서 분석하고자 한다.

금본위제에서 신용화폐까지

통화 시스템이 무엇을 '신뢰할 수 있는 기반'으로 삼아 작동해왔는지를 돌아보는 것은, 오늘날의 전환기적 국면을 이해하는 데 중요한 실마리를 제공한다.

19세기 후반부터 20세기 초까지 글로벌 통화질서는 금본위제를 중심으로 구축되었다. 금은 높은 채굴 비용과 물리적 희소성을 통해 화폐의 가치를 담보했고, 당시의 통화 구조는 에너지 소비와 자연적 제약이라는 물리적 기반 위에 놓여 있었다.

그러나 20세기 초, 영국의 미첼 이네스는 지배적이던 상품화폐론과 금본위제에 근본적인 문제를 제기하며, 화폐에 대한 전혀 다른 정의를 내놓았다. 그는 1913년 「What is Money?」와 1914년 「The Credit Theory of Money」에서, 화폐란 "채무의 증명서a token or acknowledgement of debt"이며, "거의 모든 화폐 거래는 신용의 교환 practically all money transactions are exchanges of credit"이라고 주장했다.

미첼 이네스에 따르면, 실물의 직접 교환은 극히 드물고, 대부분의 경제 활동은 시간차를 둔 채권-채무 관계로 구성된다. 그는 고대 메소포타미아의 점토판 회계 기록, 중세 영국의 탈리 스틱tally stick

등을 사례로 들어, 화폐란 실물이 아니라 사회적 채무를 안정적으로 기록하고 정산하는 제도적 장치라고 보았다.

이러한 통찰은 이후 데이비드 그레이버David Graeber의 『부채, 그 첫 5000년』이나, 현대화폐이론MMT의 핵심 학자인 랜달 레이 Randall Wray의 이론에도 중요한 사상적 기반이 되었다. 미첼 이네스의 신용화폐론은 화폐를 '가치의 담지물'이 아닌 '정산 가능한 사회적 관계의 기록 시스템'으로 바라보며, 금본위제와 본질적으로 구분되는 시각 전환을 제시했다.

그러나 이러한 구조가 실제로 작동하기 위해서는 단순한 약속이나 신뢰에 기대서는 안 된다. 채무 기록은 위조 불가능해야 하며, 참여자 간 상호 검증이 가능하고, 단일 주체가 이를 임의로 변경할 수 없어야 한다. 이러한 제도적 조건이 충족될 때에만, 신용 기반 화폐는 공동체 내에서 신뢰 가능한 회계 질서로 기능할 수 있다.

하지만 당시 사회는 이 회계 질서를 구현할 기술적 기반을 갖추지 못했다. 조작 불가능한 기록 시스템도, 분산된 검증 네트워크도 부재한 상황에서 화폐의 신뢰는 여전히 국가 권력과 실물 담보, 특히 금과 같은 물리적 자산에 의존할 수밖에 없었다.

20세기 중반, 두 차례의 세계대전과 급격한 산업화·금융화는 실물 금 기반의 통화 시스템이 급증하는 유동성 수요를 감당하지 못하게 만들었다. 이에 따라 1944년 브레튼우즈 체제가 출범했고, 미국 달러는 금에 연동된 기축통화로 자리잡았다. 미국은 전 세계 유동성 공급자의 역할을 맡게 되었고, 신용화폐 체제는 실물 금이라는 최후 담보 위에 정치적 신뢰를 더한 간접 구조로 유지되었다. 이 구조는 미국의 패권적 지위에 깊이 의존하고 있었다.

 그러나 이 체제는 내재적 모순, 즉 '트리핀 딜레마Triffin Dilemma'를 안고 있었다. 미국이 전 세계에 유동성을 공급하기 위해서는 지속적으로 경상수지 적자를 유지해야 했고, 이는 기축통화로서 달러의 신뢰를 점차 잠식했다. 국제 유동성의 안정성과 미국 경제의 건전성은 결국 양립 불가능한 조건이 된 것이다. 1971년 '닉슨 쇼크'를 통해 미국은 금태환을 공식 중단했고, 전 세계는 완전한 신용화폐 체제로 이행하게 되었다.

 이후 화폐는 실물 담보가 아닌 국가의 신용과 법적 권위에 의해 발행되며, 통화 공급은 사실상 무제한 확장 가능한 구조로 전환되었다. 이 전환은 단기적으로는 경기 부양과 신용 팽창을 가능하게 했지만, 장기적으로는 과잉 유동성, 부채 누적, 금융 불균형이라는 구조적 위기를 심화시켰다. 무엇보다 오늘날의 신용화폐 시스템은 기축통화국의 정치적 안정성과 정책 신뢰에 본질적으로 의존하고 있으며, 이는 인플레이션, 외환 불안, 국제 유동성 위기와 같은 반복적 충격에 취약한 구조다.

 이러한 구조적 위기 속에서 우리는 다시 근본적인 질문 앞에 서게 된다. 다음 시대의 통화질서는 어떤 기반 위에 신뢰를 구축해야

하는가? 물리적 희소성과 정보 검증을 결합한 비트코인은, 조작 불가능한 기록 구조를 통해 새로운 통화질서의 가능성을 탐색하는 하나의 실험으로 주목받고 있다.

비트코인, 세계 통화질서의 대안인가?

비트코인에 대한 논의는 기술 실험이나 자산 투자라는 범주를 벗어나, 화폐 시스템의 작동 원리 자체를 다시 설계하려는 움직임으로 진화하고 있다. 화폐는 교환의 수단이기 전에, 채무 관계를 안정적으로 정산하는 비가역적 회계 메커니즘이다. 하지만 현재의 달러 기반 신용화폐 체제는 이 기능을 미국 정부와 연준이라는 중앙 권력기관이 독점하고 있으며, 그 결과 글로벌 신뢰 질서 전체가 특정 정치 체제에 종속되는 구조가 형성되었다.

이 취약성은 글로벌 금융 위기와 반복되는 유동성 충격, 기축통화에 대한 불신을 통해 반복적으로 드러나고 있다. 화폐가 실물일 필요는 없지만, 신뢰 기반 질서가 작동하려면 조작 불가능한 기록, 상호 검증 가능성, 권력으로부터의 독립성이라는 최소 조건이 충족되어야 한다. 이 지점에서 비트코인의 설계가 갖는 구조적 의미가 부각된다.

비트코인은 이러한 조건을 프로토콜 수준에서 체계화한, 디지털 네이티브 통화 인프라다. 분산 원장은 기록 위·변조를 방지하고,

작업증명은 검증 절차의 투명성과 무결성을 보장하며, 탈중앙 인센티브 구조는 단일 주체의 통제를 원천적으로 차단한다.

블록체인은 단순한 회계장부를 넘어, 거래 내역을 비가역적으로 기록하고 지속적으로 검증하는 프로토콜 질서다. 이 구조의 핵심은 에너지다. 연산의 연료가 아니라, 위조를 방지하고 질서를 유지하기 위한 물리적 보증 장치로 기능한다. 마치 지폐 발행에 원자재와 비용이 필수적인 것처럼, 블록체인 질서도 현실의 자원 투입을 통해 유지된다.

비트코인은 사회적 신뢰를 외부 제도에 의존하지 않고, 시스템 내부 규약으로 보장한다. 정보의 불변성과 검증 가능성을 에너지 소비라는 전제 위에 실행함으로써, 중앙기관의 통제 기능을 연산 비용과 검증 알고리즘이라는 물리적 조건으로 대체한 구조다. 이는 앞서 논의한 '사회적 열역학'—질서를 유지하는 데 드는 비용을 시스템 내부에 내재화하는 구조—의 실현이며, 화폐를 정산 인프라로 보는 시각과 연결되는 설계다.

무엇보다 중요한 점은 이 질서가 외부의 명령이나 합의 없이도 시간이 흐를수록 스스로 신뢰를 강화하며 유지된다는 점이다. 이는 단순히 중앙을 없앤 시스템이 아니라, 자연 법칙과 인센티브 구조가 결합해 만들어낸 자율적 통화 생태계이며, 바로 그 위에 비트코인의 '사회적 열역학'이 놓여 있다.

최근 주목할 흐름은 미국의 준비자산 전략에 나타난 변화다. 2025년 5월, 뉴햄프셔주는 비트코인을 전략적 준비자산으로 공식 편입하기로 결정하며, 주 차원에서 첫 법제화를 단행했다. 트럼프 행정부 역시 연방 차원에서 비트코인 보유를 검토 중이며, 이는 단순한 포트폴리오 다변화를 넘어, 기축통화 시스템의 신뢰 기반을 현실적 제약 위에 재정립하려는 전략적 시도로 해석된다.

국채에 기반한 기존 달러 체계는 반복되는 부채 위기와 정치 불안으로 인해 신뢰를 점점 잃고 있다. 금과 같은 전통적 자산은 유통의 제약과 지정학적 위험에 취약한 반면, 비트코인은 글로벌 유동성, 검열 저항성, 그리고 기술적 투명성을 동시에 갖춘 디지털 희소 자산으로 부상하고 있다. 이는 금본위제의 희소성과 신용화폐의 유연성, 그리고 분산 기술의 검증 구조를 결합한 새로운 통화 아키텍처의 실험이라 할 수 있다.

34

이 실험은 결국 다음과 같은 질문을 제기한다. "신뢰와 정산 질서는 어떻게 설계되어야 하며, 누가 그 구조를 통제할 것인가?" 비트코인은 물리학적·수학적·경제학적 설계를 통해 자생적으로 유지되는 질서다. 이는 통화 주권의 새로운 정의이자, 중앙 권력이 아닌 분산된 메커니즘 위에서 작동하는 새로운 글로벌 통화 구조의 시작점이라 할 수 있다.

자기조정 화폐와 문명 전환의 서막

앞서 논의한 '자기조정형 거버넌스'가 분산 질서의 기술적 작동 원리를 설명했다면, 이제는 그 거버넌스 구조가 어떻게 '자기조정 화폐'로 작동하며, 문명 질서의 기반으로 확장되는지를 살펴본다.

비트코인은 에너지, 정보, 인센티브가 결합된 자율적 신뢰 메커니즘이다. 이 구조는 중앙 통제 없이 물리 법칙과 디지털 구조에 기반해 자율적으로 작동하는 최초의 '자기조정 화폐Self-Regulating Currency' 실험이다.

이 시스템은 생명체처럼 지속적인 에너지 투입과 내부 피드백을 통해 안정성과 지속 가능성을 확보한다. 채굴자는 에너지를 투입해 블록을 생성하고, 그 과정은 무작위성을 제어하며 정보 질서를 확립한다. 이는 네트워크 참여자 간의 게임이론적 상호작용을 통해 작동하는 자율적 정산 구조다.

2024년 기준, 캠브리지 대안 금융센터CCAF는 전체 비트코인 해시레이트의 52.4% 이상이 수력, 태양광, 풍력 등 재생에너지로부터 공급되고 있음을 보고했다. 일부 채굴 사업자는 지역 내 잉여 전력을 활용해 전력망 안정화에 기여하고 있으며, 이는 비트코인이 에너지 생태계와 상호 보완적으로 작동하는 새로운 디지털 질서로 진화하고 있음을 보여준다. 즉, 소비되는 에너지가 질서와 신뢰의 물리적 기반으로 전환되는 구조다.

비트코인은 열역학적 비용, 정보 불확실성 제어, 인센티브 설계를 네트워크 구조에 통합함으로써, 기존 신용화폐 체계가 구현하지 못한 자기조정성과 복원력을 실현한다. 신뢰는 외부 명령에 의해 강제되는 것이 아니라, 물리적 비용을 수반한 반복적 행위와 상호 검증을 통해 축적되는 과정이다.

이 자기조정 화폐 시스템은 "신뢰는 어떻게 형성되며, 어떤 질서 위에서 작동하는가"라는 문명사적 질문에 기술적 구조로 응답한다. 농업혁명이 자연 에너지를 정착 문명의 기반으로 삼았다면, 비트코인은 연산 에너지와 정보 검증을 통해 탈중앙적 질서를 형성하는 디지털 문명의 기반을 제공한다.

이처럼 자기 복원성과 질서 형성 능력을 지닌 시스템은 생명체의 작동 원리와 유사한 구조를 지닌다. 이는 물리적 에너지 흐름을 바탕으로 정보 질서를 유지하며 스스로 조정되는 디지털 유기체에 가깝다. 에너지 흐름, 정보 체계, 게임이론적 원리가 결합된 이 구조는 '사회적 열역학'으로 작동하며, 물리 법칙 위에서 자율성과 지속 가능성을 구현한다. 이제 화폐는 제도나 거래수단이 아니라, 물리 기반 위에서 진화하는 생명적 질서—즉, '자기조정 화폐'—로 새롭게 정의되고 있다.

결국 비트코인은 미첼 이네스가 꿈꿨던 화폐의 본질—정치 권력이 아닌 공동체 내부의 정산 구조에 기반한 사회적 질서—를 정보 기술과 에너지 시스템 위에서 구현한 첫 사례다. '자기조정 화폐'는 미첼 이네스 이론의 반복이 아니라, 그것을 생명적 질서와 문명 전환의 조건으로 확장한 새로운 통화 설계다.

오늘날의 글로벌 통화질서는 공급자-소비자의 위계 구조, 중앙 집중적 통제, 채무 기반의 신용 팽창, 그리고 정치적 신뢰의 붕괴라는 복합적 위기에 직면해 있다. 기축통화국의 무제한 유동성 공급은 세계 경제의 구조적 불균형과 주기적 금융위기를 반복적으로 유발하고 있으며, 개발도상국은 달러 유동성에 구조적으로 종속되어 있는 실정이다. 이러한 상황 속에서 비트코인은 기존 통화 체계와는 본질적으로 다른 해법을 제시한다. 그것은 특정 국가의 정치적 권위가 아닌, 누구에게나 개방되고 조작이 불가능한 에너지 기반 질서 위에서 글로벌 통화를 재구성하려는 분산적 실험이다. 비트코인은 기존 통화질서의 불균형에 대응하여, 중립성과 예측 가능성을 갖춘 디지털 준비자산으로 작동하며 국제 유동성 위기에 대한 새로운 해법을 제시한다.

이제 질문은 "누가 신뢰를 유지할 것인가"에서 "신뢰는 어떤 구조 위에서 지속 가능한가"로 전환되어야 한다. 자기조정 화폐로서의 비트코인은 자율성, 복원력, 생태적 조화를 통합하며, 화폐를 단순한 거래 수단이 아닌 지속 가능한 문명 질서의 기반으로 재정의한다.

참고 자료

Shannon, C. E., & Weaver, W. (1949), 『The Mathematical Theory of Communication』, University of Illinois Press
『수학적 커뮤니케이션 이론』, 커뮤니케이션북스, 2016

Georgescu-Roegen, N. (1971), 『The Entropy Law and the Economic Process』, Harvard University Press
『엔트로피와 경제』, 한울아카데미, 2017

Wray, L. R. (Ed.). (2004), 『Credit and State Theories of Money: The Contributions of A. Mitchell Innes』, Edward Elgar Publishing
  • Innes, A. M. 1913, "What is Money?", The Banking Law Journal
  • Innes, A. M. 1914, "The Credit Theory of Money", The Banking Law Journal

Alizart, M. (2020), 『Cryptocommunism』, Polity Press
『암호화폐 코뮤니즘』, 한울아카데미, 2024

Cambridge Bitcoin Electricity Consumption Index, 2024

포스트 달러 시대와 비트코인, 통화질서의 문명사적 전환

초판 1쇄 발행 2025년 5월 31일

지은이   김종승
펴낸곳   (주)디애셋
펴낸이   유신재
디자인   위하영
제 작   (주)단초

등 록   제2023-000009호
주 소   서울시 서초구 강남대로 311 1109호

전 화   070-4112-7505
팩 스   02-520-1590
이메일   master@digitalasset.works

ISBN 979-11-986114-6-8 03320